Montserrat

Triangle▸Books

Texto **Josep Liz**   Fotografías **Pere Vivas**

Montserrat

La montaña sagrada

Montserrat

Montserrat es uno de los pocos lugares del mundo donde la belleza de la naturaleza, la calidad cultural y la dimensión espiritual están estrechamente ligadas. Por esto, el pueblo catalán lo ha convertido en uno de sus símbolos fundamentales.

El hombre se sintió atraído desde siempre por la original configuración física de la montaña, y la denominó Montserrat, que quiere decir montaña serrada. En el reducido espacio de diez kilómetros de longitud por cinco de anchura, se alzan decenas de cerros de formas caprichosas, que la imaginación ha bautizado con sugerentes nombres: La Mòmia (la momia), la Trompa de l'Elefant (la trompa del elefante), la Cadireta (la sillita), el Cap de Mort (la cabeza de muerto), la Geperuda

ROCA DE SANT SALVADOR · EL CAVALL BERNAT · SERRAT DEL PATRIARCA · SERRAT DE LES ONZE · SERRAT DEL MORO

LES AGULLES

Montserrat desde Marganell | Montserrat desde El Bruc.

(la jorobada), la Salamandra o el legendario Cavall Bernat (caballo Bernardo), entre muchos otros. El pico más alto, Sant Jeroni, alcanza una altura de 1.235 metros.

A menudo, esta catedral geológica ha hecho descubrir al hombre su dimensión trascendente y lo ha proyectado hacia Dios. La tradición cristiana del país venera en este lugar la presencia espiritual de Santa María y ha promovido su devoción milenaria bajo la advocación de la Virgen de Montserrat, que desde 1881 es patrona de Cataluña.

De izquierda a derecha, entre las brumas, el Cavall Bernat, el Serrat de les Onze y el Serrat del Patriarca.

Vista del monasterio desde El Cairat.

Vista general de la montaña y del monasterio de Montserrat (1807-1818), Jacques Moulinier. Biblioteca de Montserrat.

La historia

La historia de Montserrat comienza con la historia de Cataluña. Ya en el siglo IX
había en la montaña cuatro ermitas: Sant Iscle (san Acisclo), Sant Pere (san Pedro),
Sant Martí (san Martín) y una que estaba dedicada a santa María. Y en el siglo X
encontramos referencia escrita de la fundación del monasterio de Santa Cecília.

Santa Cecília y Santa Maria

La comunidad religiosa de Santa Cecília no fue nunca muy numerosa, y a mediados del siglo XVI se unió definitivamente al monasterio de Montserrat, que había sido fundado en el siglo XI.

Entre los años 1025 y 1030, Oliba, abad del monasterio de Santa Maria de Ripoll y obispo de Vic, fundó un pequeño monasterio de monjes benedictinos junto a la ermita de Santa Maria, que muy pronto se transformaría en un santuario de estilo románico, del cual se conserva el portal de la antigua iglesia del siglo XII, colocado en un lateral del atrio de la actual basílica.

Monasterio de Santa Cecília, fundado antes que el de Santa Maria.

Los monjes de Ripoll van a fundar la casa de Montserrat (1889-1992), de Ramon de Capmany. Dibujo original para ilustrar el *Poema de Montserrat*, de Josep M. de Sagarra.

Antiguo portal románico situado en el actual atrio de la basílica.

Detalle de *Montserrat* (s. XVII), autor anónimo. Museo de Montserrat.

La Virgen de Montserrat, «la Moreneta»

A finales del siglo XII se talló la imagen de la Virgen de Montserrat, una de las joyas del románico catalán. Cabe destacar el color oscuro de la Virgen, que la coloca en la tradición de las vírgenes negras europeas y le ha valido el apelativo familiar de «la Moreneta» (la Morenita).

Son muchas las personas que acuden a Montserrat a venerar la imagen de la Virgen, que se ha convertido en uno de los motivos principales de visita o peregrinaje.

En 1592 se consagró la basílica. Era de grandes dimensiones, de estilo renacentista con reminiscencias góticas.

María sostiene en la mano derecha una esfera que simboliza el universo.

Dos ángeles llevan el escudo de Montserrat (una montaña dentro de una sierra de carpintero) en uno de los capiteles del claustro gótico.

Arquería del claustro gótico en la plaza de Santa Maria, construido el año 1476.

Talla de la Virgen, de finales del siglo XII. →

Incendio y abandono

El esplendor de Montserrat, no obstante, se trunca brutalmente dos siglos más tarde. Las tropas napoleónicas incendian y saquean Montserrat en 1811 y, poco después, las guerras civiles y las agitaciones sociales completan la destrucción.

Montserrat queda abandonado y en ruinas, pero la imagen de la Virgen se salvó del desastre y permaneció escondida. A partir de 1844, se inicia la restauración material y espiritual de Montserrat, que durará casi un siglo. La lleva a término la comunidad benedictina, con el apoyo de todo el pueblo de Cataluña.

Prise de Sant Dimes (1826/1830) Jean-Charles Langlois. Biblioteca de Montserrat.

← *Le Cloitre* (1830). Jean-Charles Langlois. Biblioteca de Montserrat.

Prise de Montserrat (1838), Martinet. Biblioteca de Montserrat.

Renaixença: Montserrat, símbolo de Cataluña

Una fecha significativa fue el 11 de septiembre de 1881. Este día, la Virgen de Montserrat fue proclamada patrona de Cataluña por el papa León XIII.

En el trascurso del siglo xx, Montserrat se convierte en el símbolo más tangible de Cataluña, se identifica con el pueblo y se constituye en uno de sus puntos de referencia.

Asociaciones de todo tipo celebran en Montserrat sus efemérides.

Arriba y en la página de la derecha: los encuentros sardanistas en honor de la Moreneta son habituales.

Interior de la basílica, de una nave única y espectacular.

La basílica

Durante la Guerra de la Independencia española (a principios del siglo XIX), la iglesia quedó muy deteriorada. La actual basílica es una reconstrucción que se realizó a finales del mismo siglo. Esta reconstrucción respeta el edificio original, inscrito arquitectónicamente entre los estilos gótico y renacentista, que durante el siglo XVI se había comenzado a aplicar en Cataluña.

Plaza de Santa Maria, proyectada en 1929 por Josep Puig i Cadafalch. La fachada de acceso al atrio (1942-1968) es de Francesc Folguera.

Pórticos del atrio

En los pórticos del atrio se encuentran notables ejemplos de escultura renacentista del siglo XVI de la escuela napolitana. Se trata de los sepulcros de Joan d'Aragó y de Bernat de Vilamarí.

Detalle del sepulcro de Joan d'Aragó.

← Portal del atrio.

Rosetón de Enric Monserdà, realizado en 1898.

El atrio y la fachada

A la basílica se accede desde el atrio, decorado a mediados del siglo xx con un pavimento de mármol inspirado en el Campidoglio de Roma.

La fachada fue proyectada en 1901 por el arquitecto Francesc de Paula del Villar, con una rica ornamentación de estilo neoplateresco. Sobre las puertas de acceso, está estructurada en tres niveles. En el primer nivel encontramos a Jesucristo y los doce apóstoles, esculpidos por los hermanos Vallmitjana. En el segundo nivel, diseñado por Enric Montserdà en 1898, hay un gran rosetón que representa la coronación de la Virgen por la Trinidad, y que está enmarcada entre cuatro medallones con las virtudes cardinales. Finalmente, en el tercer nivel encontramos un reloj rematado con la cruz.

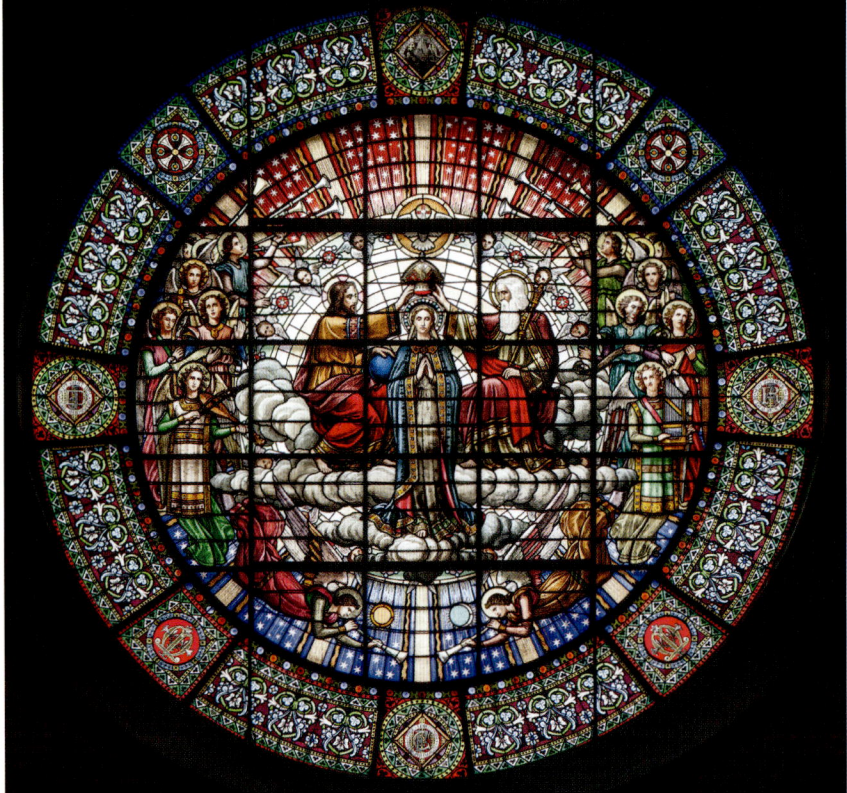

Rosetón desde el interior. Representa la coronación de la Virgen.

Atrio y fachada de la basílica. →

Jesucristo y los 12 apóstoles, obra de los hermanos Vallmitjana.

El pavimento del atrio está inspirado en el de la plaza del Campidoglio, en Roma.

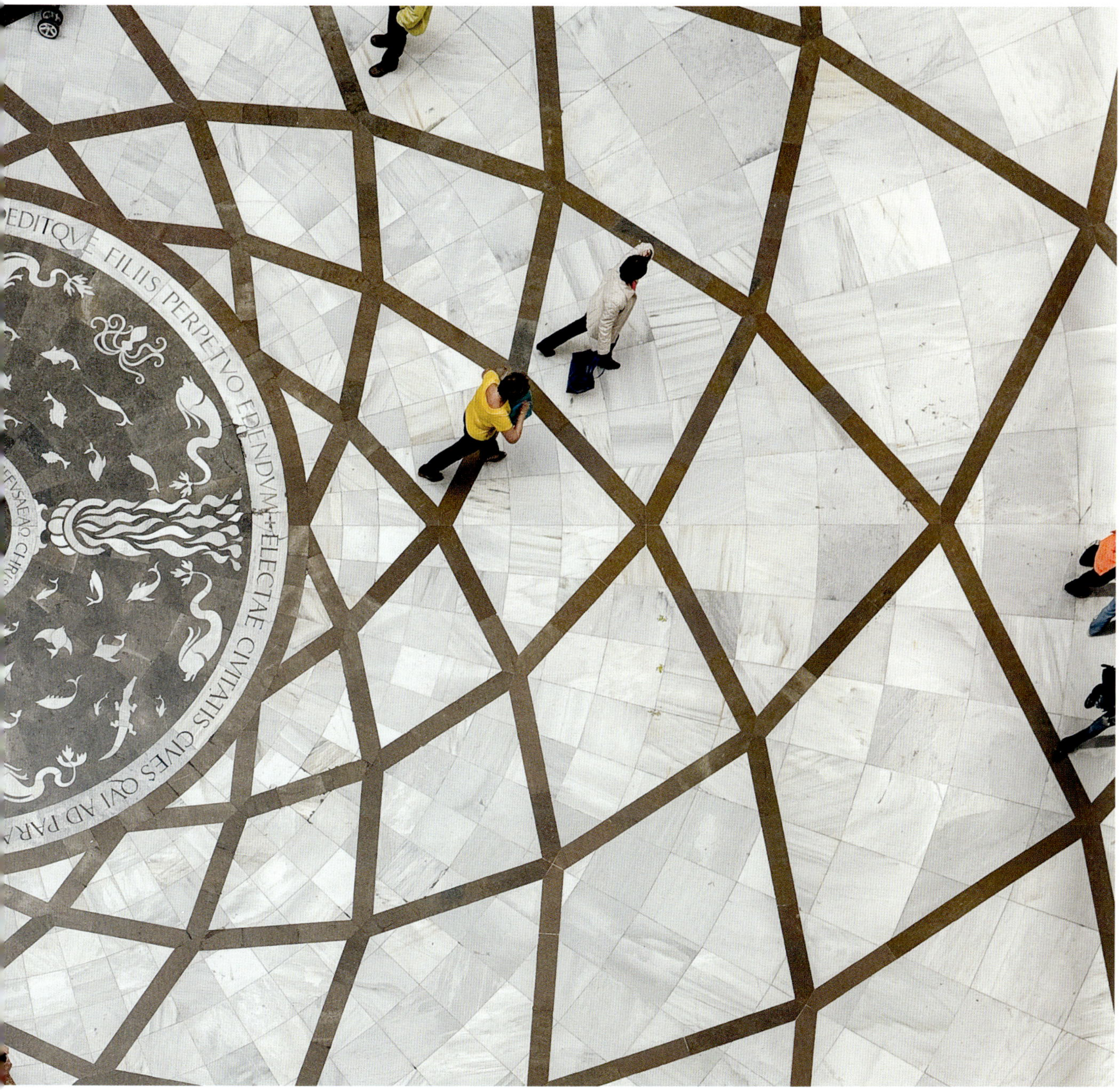
EDITQVE FILIIS PERPETVO EDENDVM ELECTAE CIVITATIS CIVES QVI AD

La nave

El interior, de una nave única y espectacular, está cubierto con arcos de
tradición gótica muy redondeados, que
se apoyan sobre las paredes que separan
las seis capillas laterales, y presenta un
cimborrio octogonal. Podemos admirar
los plafones y pinturas modernistas
del presbiterio, obra, entre otros, de
Alexandre de Riquer, Joan Llimona,
Dionís Baixeres y Joaquim Vancells,
todos ellos del Círculo Artístico de
Sant Lluc.

La nave de la basílica desde el altar. Al fondo, arriba, el coro superior
con el rosetón de la Coronación de María.

El altar

El altar, de 1958, es un bloque de piedra de la montaña, con antipendio del
orfebre Manuel Capdevila y decorado
por la esmaltadora Montserrat Mainar.
La corona que cubre el altar y la cruz
son del mismo orfebre. La figura del
Cristo es una obra notable del siglo XVI
italiano.

Detalle de la figura del Cristo, obra de
marfil de extraordinaria belleza, que
pertenece a la escuela manierista italiana.

← El altar mayor es de 1958. Detrás, el trono
de la Virgen y las pinturas del presbiterio.

Detalle de una de las pinturas del presbiterio (1897): un coro
de ángeles obra de Alexandre de Riquer.

El órgano, bendecido en 2010, consta de 4.242 tubos y tiene 63 registros.

El órgano

El órgano actual es uno de los más grandes de Cataluña y uno de los más importantes de Europa. Fue bendecido en marzo de 2010. Alcanza doce metros y medio de altura, pesa doce mil kilos y cuenta con sesenta y tres registros con cuatro teclados manuales y uno de pedal. Ha sido construido por el taller Blancafort Orgueners, en Collbató, al pie de Montserrat, de forma totalmente artesanal y al mismo tiempo con tecnología punta. La construcción del órgano fue financiada por la Obra Social de Caixa Penedès y por las aportaciones de miles de fieles que han apadrinado alguno de los 4.242 tubos de los que consta.

Las capillas laterales

Son especialmente dignas de mención diversas capillas laterales, como la de la Purísima, de estilo modernista, y también las intervenciones de época contemporánea, como la de la capilla del Santísimo, obra del escultor Josep Maria Subirachs.

Capilla del Santísimo (1977), con esculturas de Josep Maria Subirachs.

Capilla de la Purísima Concepción (1910), diseñada por J. M. Pericas en estilo modernista.

El camarín y el trono

Al camarín se accede a través de un gran portal de alabastro, obra de Enric Monjo. La colaboración de diversos escultores, pintores y orfebres del siglo xx ha creado un clima de creciente magnificencia que alcanza su cúspide en la sala del trono de la Virgen, cuya imagen fue entronizada en 1947.

El trono y las obras de adecuación y ornamentación fueron costeados íntegramente por los fieles, como una manifestación de devoción y del anhelo de reconciliación después de la Guerra Civil. En este mismo sentido, comarcas, pueblos y ciudades de toda Cataluña hicieron ofrenda de lámparas votivas a Santa María, recuperando así una antigua tradición.

El trono de plata de la talla románica fue realizado en 1947 por el arquitecto Francesc Folguera y el pintor Josep Obiols. Las pinturas de las dos antecámaras son también de Josep Obiols. La capilla del camarín, de forma elíptica, es de 1887, obra de Francesc de Paula del Villar, con elementos neorrománicos, neogóticos y premodernistas. Destaca la pintura de la bóveda, de Joan Llimona.

Decoración de alabastro en el portal de las escaleras de acceso al camarín.

Cúpula de mosaicos dorados de la sala del trono, según dibujo de Josep Obiols.

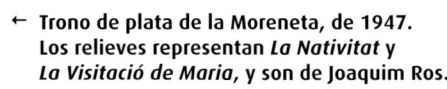

← Trono de plata de la Moreneta, de 1947. Los relieves representan *La Nativitat* y *La Visitació de Maria*, y son de Joaquim Ros.

San Jorge y el dragón en la pintura de la bóveda del camarín, obra de Joan Llimona.

Pintura mural de la bóveda del camarín. Representa a los peregrinos acogidos por la Virgen.

El coro superior

Situado sobre el cancel, o vestíbulo interior de la nave de la basílica, el coro superior fue destruido por las tropas de Napoleón y reformado en 1830. Destacan el facistol, de estilo novecentista, la sillería de estilo neoclásico, diseñada por Antoni Cellés, y el gran rosetón de la coronación de María.

La comunidad de monjes benedictinos celebra aquí los oficios de maitines y de completas.

En la antesala del coro superior destacan dos esculturas de 1946: la de san Benito, de Josep Clarà, y la estatua yacente del abad Oliba, de Enric Monjo.

La sacristía

La sacristía nueva fue construida por el arquitecto Francesc Folguera y consta de un vestíbulo, una sala espaciosa con armarios y un pequeño ábside. La bóveda fue pintada por Josep Obiols. En la parte central se representa el año litúrgico mediante las cuatro estaciones.

Sillería neoclásica del coro superior.

La Sacristía Nueva, obra de Francesc Folguera.

La cripta

Una pequeña escalera descendente, situada en la parte derecha del presbiterio, justo al lado de la del camarín, conduce a la cripta, sobria y armoniosa, inaugurada en 1951. La estancia, en bóveda de cañón, se construyó como lugar de sepultura del abad Antoni M. Marcet y de los monjes que perdieron la vida durante la Guerra Civil (1936-1939).

La cripta, inaugurada en 1951.

El coro superior, con el facistol novecentista.

El antiguo claustro gótico del monasterio, actualmente situado en la plaza de Santa Maria.

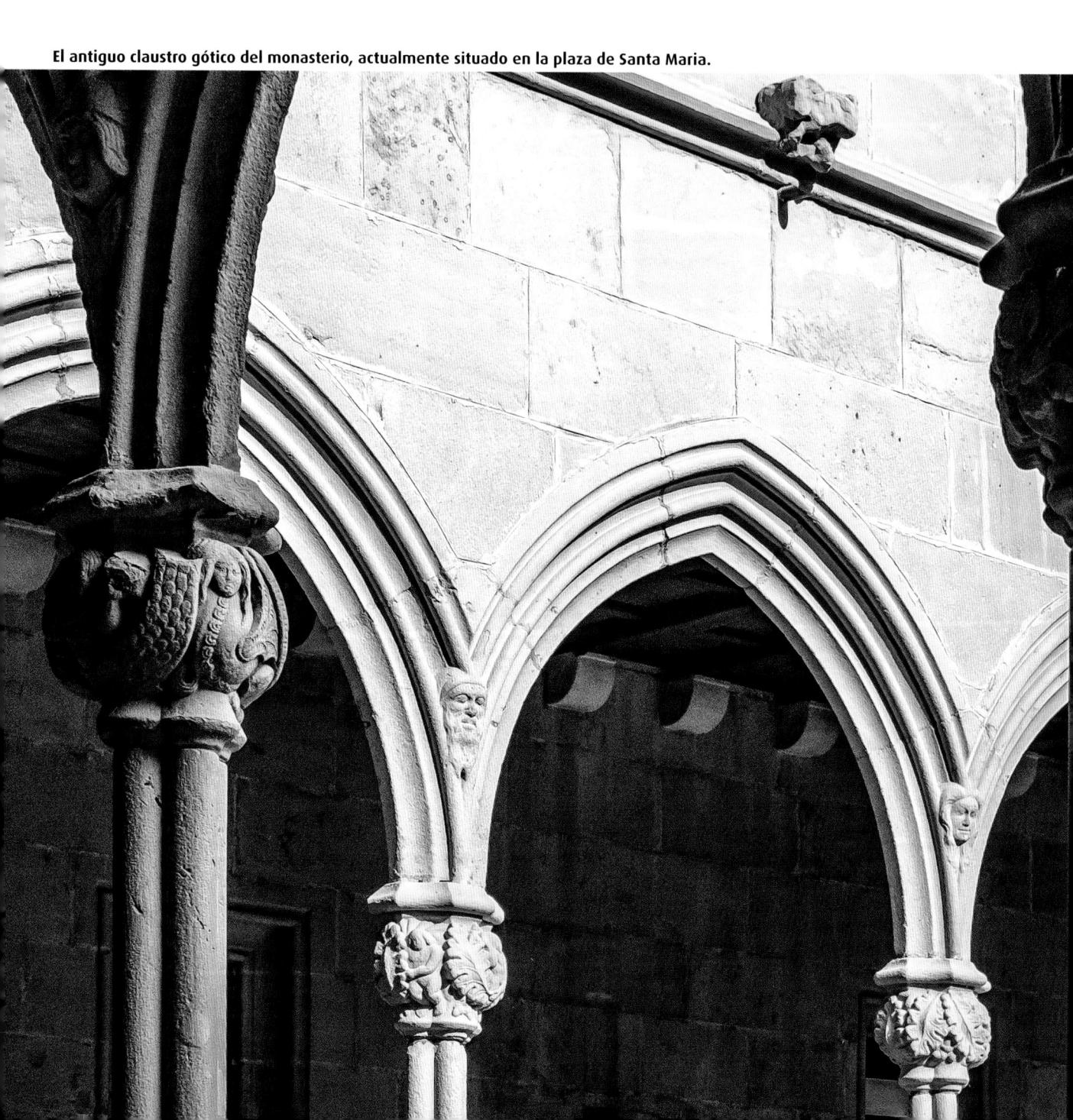

El monasterio

El santuario de la Virgen está estrechamente ligado a la comunidad benedictina, que en 2025 hará mil años que está a su servicio. Esta comunidad, integrada actualmente por unos setenta monjes, divide su vida entre la plegaria y el trabajo, siguiendo la Regla de San Benito. La oración individual se acompaña de la plegaria comunitaria, especialmente en la celebración de la Eucaristía y en el rezo del oficio divino. En los principales actos de plegaria participan también los numerosos peregrinos y visitantes.

La sala capitular

Esta sala de forma cuadrangular, sobria y bien decorada, es el lugar de encuentro de la comunidad monástica para las sesiones importantes de deliberación, de discernimiento y de toma de decisiones de ámbito comunitario. La sala se utiliza asimismo para las conferencias monásticas que el padre abad dirige periódicamente a la comunidad.

La sala capitular reúne a la comunidad monástica en momentos importantes.

La catedral abacial, de 1940, es de estilo *art decó*, obra de Santiago Marco.

Las pinturas de los laterales las realizó Pere Pruna en 1961.

La biblioteca

Desde el siglo XII, Montserrat contó con su propio *scriptorium*, muy activo durante los siglos XIV y XV.

La inauguración de un taller tipográfico en 1499, promovido por el abad Cisneros, favoreció la difusión cultural del monasterio.

Durante los siglos XVII y XVIII, fue creciendo la biblioteca, y sus fondos se diversificaron hasta llegar a reunir, según consta, miles de obras en sus estanterías. El momento más trágico de su historia sucedió durante las guerras napoleónicas, cuando en el año 1811 el monasterio fue destruido y se perdió la mayor parte de su tesoro bibliográfico.

La biblioteca actual tiene su inicio a finales del siglo XIX y creció, de manera particular, bajo el abad Antoni Maria Marcet, entre 1913 y 1946.

En 1917, el arquitecto Puig i Cadafalch remodeló la bóveda y diseñó las estanterías y el mobiliario. En la decoración de la gran sala destacan una pintura de Miquel Massot (del taller de Josep M. Sert) y una escultura de la Virgen de Montserrat, obra de Josep Llimona.

La biblioteca de Montserrat alberga notables documentos musicales de diversas épocas y más de 300.000 volúmenes de teología, filosofía, historia, arte, literatura o patrística. Dispone también de 18.000 grabados, 400 incunables, 500 mapas y un importante fondo de papiros. El taller de encuadernación ha perdurado hasta nuestros días.

Escultura de la Virgen de Montserrat, de Josep Llimona.

Detalle de las estanterías, diseñadas por Puig i Cadafalch.

← **Puig i Cadafalch remodeló la bóveda en 1917.**

El claustro

El claustro une distintos espacios y conecta dos niveles de los antiguos edificios que lo circundan. Da acceso al refectorio y a la biblioteca, y comunica con el jardín.

De estilo neorrománico, fue construido en 1925 por Josep Puig i Cadafalch. Tiene forma de pentágono irregular para adaptarse a las construcciones que lo rodean. Es de dos plantas y combina extraordinariamente el ladrillo y la piedra. Destaca un templete con un surtidor en uno de sus lados.

El claustro tiene forma de pentágono irregular y es de dos niveles.

Templete y fuente del claustro.

El Jardín

El jardín, de estilo novecentista, comunica con el claustro y las terrazas de la basílica. En el recinto del jardín se encuentra la iglesia románica de Sant Iscle (san Acisclo), del siglo XII, restaurada a finales del siglo pasado.

También hay una glorieta con cinco esculturas de mármol de finales del XVIII, que antes decoraban la portalada renacentista. En este jardín, destaca la escultura del Buen Pastor, realizada en 1944 por Manolo Hugué.

El Bon Pastor, **escultura de Manolo Hugué.**

Escultura de finales del siglo XVIII. Antes se encontraba en la portada renacentista.

Sant Iscle (san Acisclo).

Publicacions de l'Abadia de Montserrat

En el campo de la proyección cultural de Montserrat, representa un papel muy importante la editorial del monasterio. Con el nombre de Publicacions de l'Abadia de Montserrat, esta editorial ha tenido, desde 1498, una actividad prácticamente ininterrumpida al servicio del santuario y del monasterio, y es por tanto la más antigua de Europa en ejercicio.

Publicacions de l'Abadia de Montserrat es una empresa consolidada en el mundo editorial y difusora de la cultura catalana, especialmente a partir de 1950. Cuenta con un fondo de más de tres mil títulos publicados.

Las principales materias que abarca son la historia, el arte, el ensayo, los estudios de lengua y literatura, la religión, la música para escuelas, los cursos de catalán para los no catalanoparlantes, el excursionismo y el libro infantil y juvenil. Además de la edición de libros, publica también con periodicidad quincenal y mensual las revistas *Serra d'Or*, *Tretzevents*, *Documents d'Església*, *Qüestions de Vida Cristiana*, *Studia Monastica*, *Catalan Review* y *Caplletra*.

Acogida de peregrinos

Uno de los servicios principales de los monjes es la atención espiritual a los peregrinos y visitantes. También se encargan de la acogida material de los peregrinos, en especial en la basílica y en la hospedería del monasterio, destinada básicamente a las personas que desean dedicar un tiempo a la reflexión espiritual.

Esta ha sido y es la forma más peculiar de Montserrat de colaborar con la Iglesia universal en la evangelización de nuestro país.

Taller de encuadernación del monasterio.

Los peregrinos, después de la visita al trono de la Virgen, salen por el Camino del Ave María.

Ábside de la basílica de Montserrat. →

Detalle de sarcófago de la época Ptolemaica (332-330 a.C.).

El museo

El Museo de Montserrat, construido en 1930 por Josep Puig i Cadafalch, es otro de los aspectos culturales del monasterio. Declarado de interés nacional por la Generalitat de Cataluña desde el año 2006, recoge diversas colecciones en un espacio de gran interés arquitectónico. Recientemente el museo de Montserrat ha inaugurado un nuevo acceso, con un nuevo vestíbulo y nueva tienda, y se han habilitado otras salas para exposiciones temporales y para el depósito de obras.

Máscara funeraria del Antiguo Egipto (715-332 a.C.).

Las colecciones

El museo alberga diversas colecciones, como la sección arqueológica del Oriente bíblico, formada por objetos de las culturas de Mesopotamia, Egipto, Chipre y Tierra Santa.

En la colección de pintura antigua destacan las obras de los siglos XIII al XVIII. Los autores más representativos son Caravaggio, Luca Giordano, Vaccaro, Tiepolo, Berruguete o el Greco.

Uno de los puntos fuertes del museo de Montserrat es, sin duda, la colección de pintura y escultura de mediados del siglo XIX a mediados del siglo XX, con autores tan relevantes como Rusiñol, Casas, Nonell, Mir, Sorolla, Picasso o Dalí.

Esta colección se complementa con una importante representación de la pintura impresionista francesa.

Por otra parte, la serie de litografías numeradas y firmadas por artistas como Picasso, Miró, Tàpies, Le Corbusier o Braque indica que esta colección está abierta a la sensibilidad de la pintura contemporánea.

El recorrido por el museo tiene todavía tres complementos de carácter religioso. El primero, la exposición *Nigra Sum*, sobre la iconografía de la Virgen de Montserrat. El segundo, un espacio denominado *Phos Hilaron*, está dedicado a los iconos bizantinos y eslavos. Y el tercero presenta el conjunto de objetos litúrgicos de los siglos XV al XX relacionados con Montserrat.

El museo de Montserrat ofrece dos salas para exposiciones temporales: la Pere Daura, que acoge muestras de dimensiones más grandes, y el Espai d'art Pere Pruna, dedicado al arte contemporáneo y a exposiciones más experimentales.

Colección de objetos litúrgicos de los siglos XV al XX.

**Una de las salas de la colección →
de pintura moderna.**

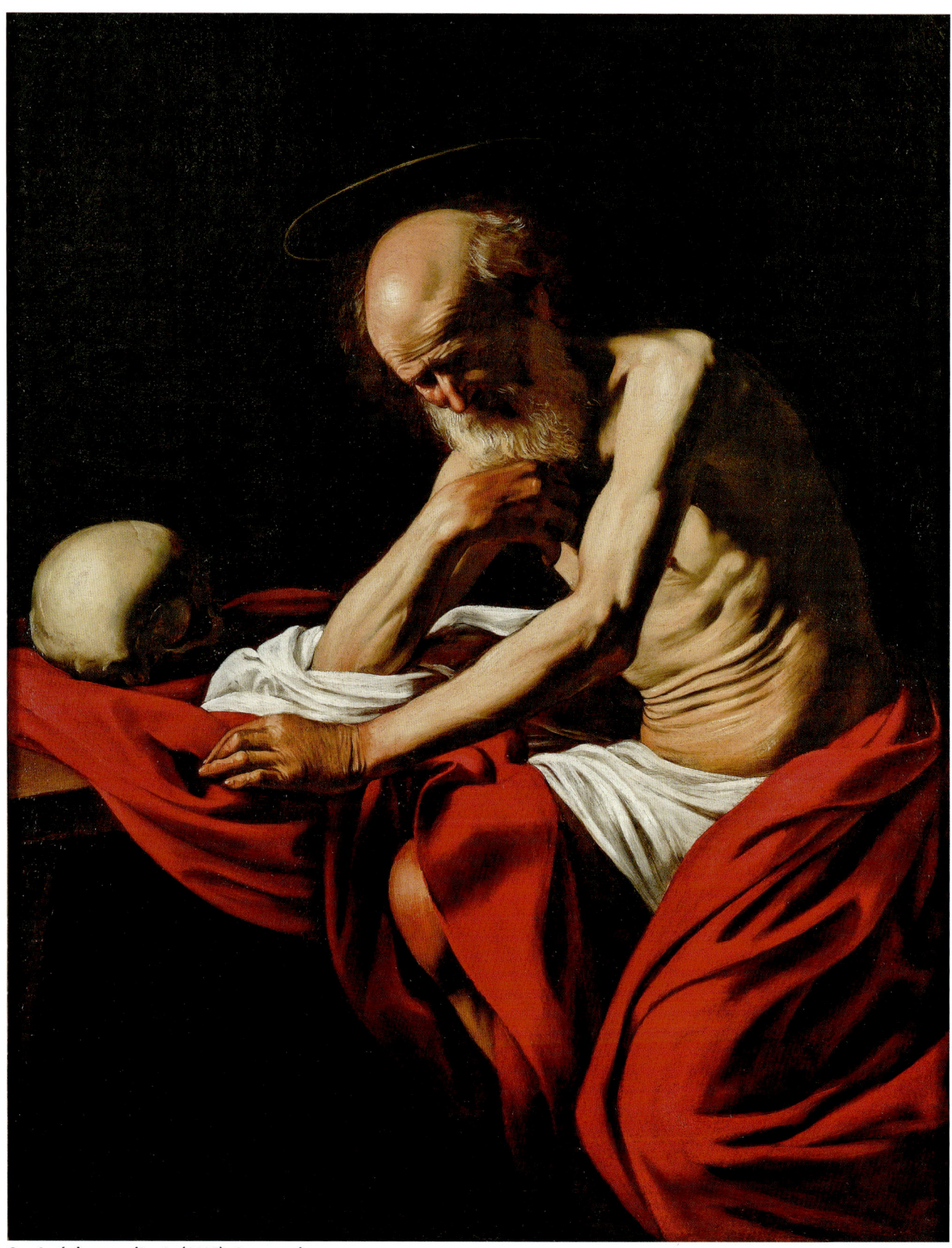

San Jerónimo penitente (1605). Caravaggio.

La débacle de la Seine à Port-Marly (1876). Alfred Sisley.

Falaise et Porte d'Aval par gros temps (1883). Claude Monet.

Madeleine (1892). Ramon Casas.

Nueva York (1929). Joaquim Torres Garcia. →

Uno de los coros de voces blancas más antiguos de Europa.

La Escolanía

Es uno de los coros de voces blancas más antiguos de Europa y uno de los elementos más característicos del monasterio. La Escolanía de Montserrat es una escuela de música que tiene sus orígenes en las escuelas monásticas medievales. Desde la Edad Media, pues, Montserrat ha tenido un coro de niños, de voces blancas, al servicio del culto del santuario, que ha contribuido a aumentar el nivel musical del país.

Formación y actuaciones

La edad de ingreso en la Escolanía es de 9 a 10 años. Actualmente cuenta con más de cincuenta escolanos, que siguen en Montserrat los estudios generales y además cantan y se ejercitan en diversos instrumentos.

El repertorio de la Escolanía se centra en la música de la escuela montserratina, en la polifonía del Renacimiento y en autores variados de todos los siglos: Mendelssohn, Brahms, Britten…

Casi todos los días, a las 12 h o a las 13 h, interpretan en la basílica la *Salve* y el *Virolai*, el himno dedicado a la Virgen de Montserrat. Desde hace unos cuantos años, la Escolanía ofrece también conciertos fuera del monasterio, en Cataluña y otros lugares de Europa. Se puede consultar el calendario en www.escolania.cat

La Escolanía es una escuela de música originaria de la Edad Media.

Además de seguir los estudios generales, los niños cantan y se ejercitan en diversos instrumentos.

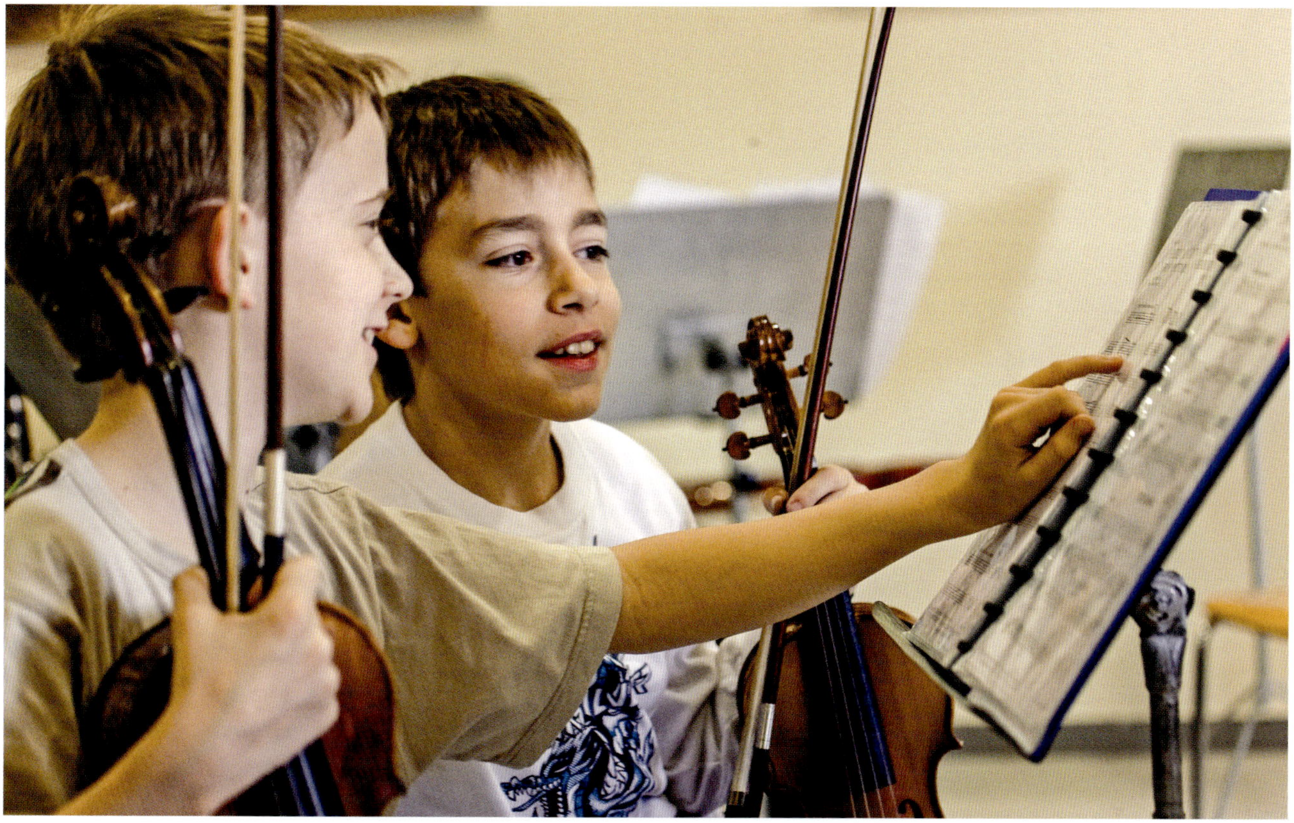

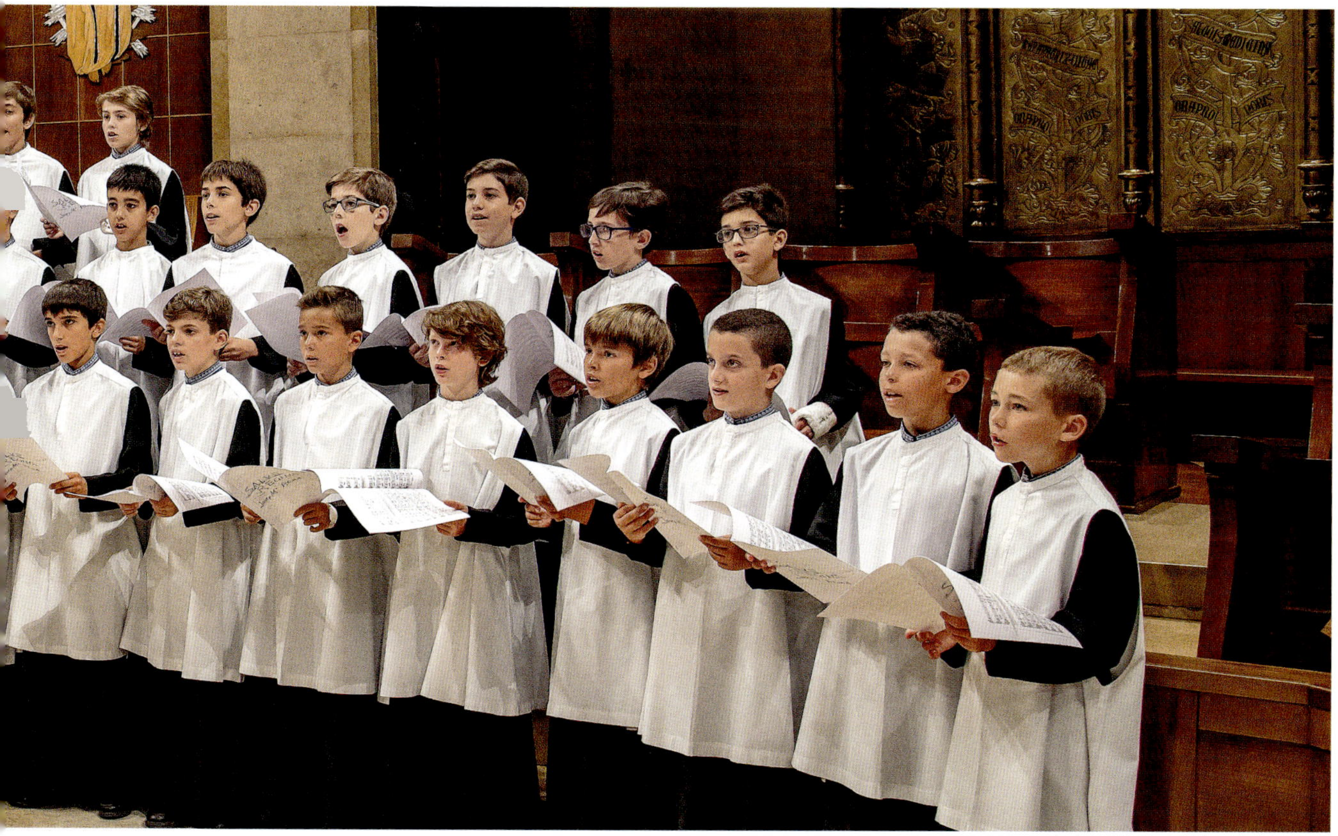

El monasterio desde uno de los misterios del Rosario Monumental.

El Rosario Monumental del camino de la Santa Cueva

Este camino, que nos sorprende en cada recodo con una nueva vista panorámica, comienza en la plaza de la Creu y acaba en la misma capilla de la Santa Cueva. Está embellecido con los quince grupos escultóricos correspondientes a los misterios del rosario de Gozo, de Dolor y de Gloria.

El Rosario Monumental

Desde la plaza de la Creu se inicia este recorrido por unas escaleras que nos llevarán a la plaza donde comienza el Rosario Monumental. A media bajada habremos pasado junto a la escultura de santo Domingo, de Josep M. Subirachs, colocada en 1970.

Este Rosario Monumental se inició en el año 1896 con la aportación económica de asociaciones, instituciones y familias, y se finalizó en 1910. En la construcción intervinieron arquitectos, escultores y artesanos diversos, de ahí que cada grupo escultórico tenga un estilo propio.

Con todo, la intervención decisiva de arquitectos como Josep Puig i Cadafalch o Antoni Gaudí, y de escultores como Josep Llimona o los hermanos Vallmitjana hizo posible conferirle una unidad, gracias a la cual este Rosario se puede calificar como el conjunto artístico al aire libre más importante del modernismo catalán.

Una vez llegados al quinto misterio de dolor, la Crucifixión de Jesús, que reconoceremos por la magnífica cruz modernista de bronce proyectada en 1896 por el arquitecto Josep Puig i Cadafalch y con esculturas de Josep Llimona y Josep Montserrat, el camino cambia de dirección, se torna más abierto y alegre y nos conduce rápidamente a la capilla de la Santa Cueva, situada a 605 metros de altura.

Es en este tramo donde encontramos los últimos cinco misterios, los de Gloria, los más monumentales y cargados de simbolismo. Se orientan a levante, por lo que están bien iluminados en las primeras horas de la mañana. Destaca el primero, el de la Resurrección de Jesús, de 1916, diseñado por Gaudí y con esculturas de Josep Llimona.

← Segundo misterio de Gloria, «La Ascensión del Señor», obra de Bonaventura Bassegoda.

Tercer misterio de Gozo, «La Natividad de Jesús», obra de Puig i Cadafalch.

Primer misterio de Dolor, «Oración en el huerto de Getsemaní», obra de Josep Campeny.

Primer misterio de Gloria, «La Resurrección de Jesús», obra de Antoni Gaudí.

← Camino de la Santa Cueva.

La Santa Cueva

La construcción de la capilla data de finales del siglo XVII y principios del XVIII. A raíz de los acontecimientos sucedidos en Montserrat durante la Guerra de la Independencia, este edificio sufrió graves daños, al igual que el monasterio y el santuario. A partir de los muros principales que quedaban en pie, el arquitecto Francesc de Paula del Villar realizó el proyecto de restauración a mediados del siglo XIX.

Al entrar nos encontramos con una capilla de planta en cruz, uno de cuyos brazos, que es el de la Santa Cueva original, se cobija en una cueva de la montaña. Es aquí donde según la leyenda (el texto más antiguo que hace referencia a ella data de 1239), en el año 880 unos pastores, después de ver en repetidas ocasiones una gran luz que bajaba del cielo, encontraron la imagen de la Virgen María. El obispo de Vic no dudó en proponer que fuese trasladada a Manresa, pero en el momento de atravesar el río, la imagen se hizo tan pesada que no hubo manera de moverla. Para el obispo resultó fácil interpretar el misterio: la Virgen quería permanecer en aquel lugar sagrado. De manera que, para respetar la voluntad divina, decidió construir una capilla para que María fuera venerada en la montaña de Montserrat.

La capilla data de finales del siglo XVII y fue restaurada a mediados del siglo XIX.

Uno de los brazos de la capilla es la Santa Cueva original.

La capilla en su entorno natural. →

El monasterio de Santa Cecília fue fundado en el siglo x.

Santa Cecília

El monasterio benedictino de Santa Cecília fue fundado en el siglo X y quedó agregado definitivamente al de Santa Maria de Montserrat en 1537 por un decreto del papa Julio II. Durante la primera mitad del siglo XI, seguramente coincidiendo con la construcción de la iglesia románica de Santa Maria de Montserrat, también la vieja iglesia de Santa Cecília fue transformada en estilo románico y se le añadió la nueva cabecera del ábside mayor con dos absidiolos, con arcadas ciegas y bandas lombardas, y cubierta de bóvedas de cañón.

El ábside y los absidiolos son del siglo XI, de estilo románico lombardo.

Espai d'Art Sean Scully

Después de la destrucción de Santa Cecília por las tropas napoleónicas, en 1928 se realizó la restauración a cargo del arquitecto Josep Puig i Cadafalch. Entre 2013 y 2015, la Diputación de Barcelona ha llevado a cabo una respetuosa rehabilitación, y el artista Sean Scully la ha embellecido con un ejemplo de confluencia entre cristianismo y arte de vanguardia de gran nivel.

La intervención de Sean Scully conserva el ambiente sagrado de este templo milenario, propicio para la contemplación y la meditación. La obra del artista, siempre en óleo sobre aluminio o sobre cobre, incluye la serie *Holly-Stations* (una interpretación personal de las catorce estaciones del viacrucis), dos cuadros dedicados a santa Cecilia y un par de trípticos.

La aportación artística de Sean Scully se complementa con ocho vidrieras de diversos colores (rojo de color vino, ocre de color oro, azul de color mar) que cierran las ocho aspilleras de la iglesia, tres frescos de dimensiones pequeñas que siguen fielmente esta técnica milenaria, tres preciosas cruces de vidrio y un trasaltar de vidrios de colores.

Altar mayor. Detrás, el trasaltar de vidrios de colores y vidrieras en las troneras.

Sala del Espai d'Art Sean Scully.

Vidriera de una tronera y pintura al fresco. →

Vista de la región de las Agulles (izquierda) y de la de los Frares Encantats (derecha).

El parque natural

En 1987 se declaró la figura del Parque Natural de la Montaña de Montserrat para conservar los valores de este patrimonio natural, cultural, histórico y religioso. El parque ocupa una superficie de 3.650 hectáreas y está gestionado por el Patronato de la Montaña de Montserrat.

Un sueño hecho montaña

La riqueza vegetal, a pesar de la escasez tanto de fuentes como de tierra, es extraordinaria, ya que de las tres mil plantas vasculares de Cataluña, en Montserrat se encuentran unas 1.600.

Es asimismo abundante la fauna, especialmente las aves, pero también están representados los pequeños mamíferos, como las comadrejas, las garduñas, los zorros, las ardillas o los tejones. Encontramos además jabalíes, y desde 1995 se ha reintroducido con gran éxito la cabra hispánica. Es muy recomendable visitar la exposición del Parque Natural de la Montaña de Montserrat que se encuentra en el mismo edificio de la estación superior del funicular de Sant Joan.

En el Patronato de la Montaña de Montserrat, además de la administración autonómica y estatal, participan los cuatro municipios que tienen allí territorio, así como la abadía de Montserrat, lo cual permite mejorar día a día este espléndido espacio natural que se levanta como una mole luminosa de singular silueta.

La especial combinación de materiales duros (guijarros, arenas y un durísimo cemento calcáreo) y blandos (arcilla, gres, esquisto...) explica el singular relieve de Montserrat.

Sobre (o entre) la niebla, el relieve aún parece más de cuento de hadas.

La cabra hispánica se ha reintroducido con gran éxito.

← La Boleta Foradada y el Bisbe, en la región de los Frares Encantats.

La vegetación mediterránea predomina en Montserrat
con una riqueza extraordinaria.

← Almendros floridos en Collbató bajo el Torrent del Pont,
que separa la región de los Ecos de la de Sant Jeroni.

Región de las Agulles, con la Bola de la Partió en medio.

La montaña de Montserrat esconde en su interior más de 100 cuevas,
pero la del Salnitre, en Collbató, es la única adaptada para las visitas.

La Cadireta y la Roca Foradada, en la región de las Agulles. →

Serrat del Patriarca y Serrat del Moro.

← El Cavall Bernat.

El conjunto eremítico

La montaña de Montserrat ofrece un conjunto eremítico muy interesante, testimonio de la presencia de ermitaños vinculados con el monasterio de diversas maneras a lo largo del tiempo.

Hasta el siglo XIX, estos ermitaños tallaban cruces en madera de boj, con dibujos simbólicos, que los peregrinos se llevaban de recuerdo del santuario. De hecho, el sistema de ermitas se extinguió en el año 1821, aunque en tiempos actuales todavía hay monjes que han ocupado alguna ermita y han continuado esta práctica tan antigua de vida monástica y de trabajo espiritual.

Las ermitas, sin contar con la de Santa María, habían sido trece: Sant Jeroni (san Jerónimo), Santa Magdalena, Sant Joan (san Juan), Sant Onofre, Santa Caterina (santa Catalina), Sant Jaume (Santiago), Santa Anna, Sant Antoni Abat (san Antonio Abad), Sant Salvador, la Santíssima Trinitat (la Santísima Trinidad), Sant Benet (san Benito), La Santa Creu (la Santa Cruz) y Sant Dimes (san Dimas).

Capilla de Sant Benet.

← **Capilla de Sant Joan, desde el camino hacia Santa Magdalena.**

Antigua ermita de Sant Joan, construida en una cueva.

Tradición montañera

Montserrat, además de un monasterio y un santuario, es un enclave espectacular desde el punto de vista geológico, de gran tradición montañera a la que han contribuido incluso monjes escaladores. En 1880 se llega por primera vez a la cima del Montgròs, y en 1935 al Cavall Bernat. Hoy ya no queda ninguna cima por conquistar, pero desde principios del siglo xx ha sido la escuela predilecta de la mayoría de escaladores de nuestro país.

La tradición montañera se remonta al siglo XIX.

← Escaladores en la Gorra Frígia.

Escaladores en la Mòmia.

Los Flautats, en la región de Sant Salvador.

← El Elefant y la Mòmia, también en la región de Sant Salvador.

El Cavall Bernat.

El Cap de Mort.

El Bisbe, la Monja y el Lloro, en la región de los Frares Encantats.

Miranda de Santa Magdalena, la Gorra Marinera, la Magdalena inferior y la Magdalena superior.

Región de las Agulles.

Región de las Agulles, arriba, y región de los Ecos, abajo, con el Coll del Migdia a la derecha.

Paso de la Portella.

La Boleta del Portell Estret, en la región de los Frares Encantats.

A la izquierda, la región de los Ecos y el Serrat del Moro (con la antena de comunicaciones). En primer plano, la Gorra Frígia y la Magdalena superior. A la derecha, con los Pirineos al fondo, la Roca de Sant Salvador, el Elefant y la Mòmia.

Excursiones

La combinación de naturaleza, cultura y espiritualidad en un espacio tan majestuoso ofrece mil y una posibilidades de disfrutar del entorno, con excursiones para todo tipo de usuarios, tanto en cuanto a la edad como a la forma física o al tiempo disponible. En la Oficina de Turismo de Montserrat disponen de folletos que explican los diferentes itinerarios desde el monasterio, con su duración y su dificultad.

Arriba, el Camí dels Degotalls («camino de los goteos»). Abajo, medallones de diferentes colles, coblas y encuentros sardanistas.

El Camí dels Degotalls

El Camí dels Degotalls (camino de los goteos) se denomina así porque llega a una gruta ennegrecida por la humedad donde a veces gotea agua que se filtra entre las rocas. Es un camino llano y umbrío, también denominado del Magnificat por la serie de mayólicas que se encuentran a lo largo del recorrido y que representan diferentes advocaciones de Santa María, algunas de las cuales reproducen el texto del *Magnificat*. La mayoría de estas mayólicas son obra del ceramista Joan Guivernau.

También en la primera parte del camino, conocida como Camí dels Artistes (camino de los artistas), encontramos una buena colección de esculturas, estelas y medallones que se han ido colocando en memoria de escritores, músicos y otros artistas catalanes.

Escultura de bronce (1931) dedicada a Jacint Verdaguer, obra de Carles Flotats.

Detalle de la mayólica dedicada a Santa Maria de Foix.

Mayólica dedicada a la Virgen de los Remedios.

Arriba, escultura de Pau Casals, al principio del camino. Abajo, mirador de la Creu de Sant Miquel.

El camino a Sant Miquel

Desde la plaza del Abat Oliba sale el camino que inicia una ruta con diferentes puntos de interés, como las ermitas de Sant Miquel o Sant Joan, recientemente restauradas. Al principio, a ambos lados del camino, hay monumentos entre los que destacan las esculturas dedicadas a Pau Casals y san Francisco de Asís, y la Puerta de Sant Miquel, con la escultura del arcángel san Miguel, que marca el límite del santuario por el lado de levante.

Poco antes de la capilla de Sant Miquel, un camino a la izquierda lleva hasta uno de los miradores más conocidos de la montaña, el de la Creu de Sant Miquel (Cruz de san Miguel), desde el que se disfruta una vista espectacular sobre el monasterio y el valle del Llobregat.

Después de la capilla de Sant Miquel, el camino cimentado a la derecha va subiendo hasta llegar a la estación superior del funicular de Sant Joan, en el Pla de les Taràntules, donde se puede visitar el Aula de Natura, un espacio que explica las características principales del ecosistema de Montserrat y las excursiones que se pueden realizar. Podemos volver por el mismo camino o coger el funicular para bajar al monasterio.

Vistas desde el mirador del Pla de les Taràntules.

Hacia Sant Joan y Sant Onofre

Desde el Pla de les Taràntules, en la estación superior del funicular de Sant Joan, un camino de tierra lleva hasta las ermitas de Sant Joan y Sant Onofre, a más de mil metros de altura y también con espléndidas vistas. Estas dos ermitas se construyeron a principios del año 1000, cuando comenzó la implantación religiosa en Montserrat, y hasta no hace mucho tiempo se encontraban en un estado precario y ruinoso. Pero actualmente, el Patronato de la Montaña de Montserrat ha saneado y consolidado este conjunto eremítico.

Desde Sant Onofre, podemos seguir hasta los restos de la capilla de Santa Magdalena y hacer una parada en la Miranda de Santa Magdalena, también con unas vistas espectaculares.

Para volver, debemos retroceder hasta el Pla de les Taràntules, donde podemos bajar con el funicular de Sant Joan o, si queremos hacerlo a pie, tomar la pista cimentada hacia Sant Miquel.

El Serrat del Moro, el Cavall Bernat y la Panxa del Bisbe, desde Santa Magdalena.

Camino de Sant Onofre a Santa Magdalena.

La Magdalena inferior y la Gorra Marinera.

← Vistas de la ermita y capilla de Sant Joan.

Arriba, capilla de Sant Benet, bajo el Elefant y la Mòmia. Abajo, paisaje del entorno de la ermita de la Trinitat.

Las ermitas de la Tebaida

Estas ermitas han perdurado hasta nuestros días, y la ruta pretende recuperarlas del olvido en una excursión a través de entornos inhóspitos y poco frecuentados de la montaña de Montserrat. Salimos del monasterio enfilando el Pas dels Francesos (paso de los franceses) reviviendo la leyenda del Timbaler del Bruc (el Tambor del Bruch).

Más tarde, el camino se convierte en un laberinto entre las formaciones de rocas más fotografiadas de la montaña.

Entre estos monumentos naturales se ocultan las pequeñas ermitas que iremos descubriendo: Sant Benet, la Trinitat y Santa Anna, ya en el Pla dels Ocells, desde donde se baja al monasterio para terminar la excursión.

Ermita de Sant Dimes.

Paso de los Franceses.

Ermita de la Trinitat.

Ermita de Santa Anna.

En el itinerario de las ermitas de la Tebaida veremos algunas de las formaciones más conocidas, como la Panxa del Bisbe, a la derecha, la Prenyada, en el centro, o la Roca de Sant Salvador, la más alta a la izquierda.

Arriba, vista del monasterio al principio del recorrido. Abajo, el Cap de Mort a la izquierda, y el Cavall Bernat a la derecha.

El mirador de Sant Jeroni

Esta excursión comienza en la estación superior del funicular de Sant Joan y a lo largo del camino ofrece espléndidas vistas sobre el monasterio y el valle abierto por el Llobregat, y también de algunas de las elevaciones más conocidas de la sierra, como la Mòmia, la Trompa de l'Elefant, el Cavall Bernat o el Cap de Mort. Llegados al mirador de Sant Jeroni (san Jerónimo), el pico más alto de Montserrat, podremos disfrutar, en un día claro, de vistas de los Pirineos, del Montseny y del Tibidabo.

Vistas desde el mirador: El Montcau, arriba, y el Tibidabo, abajo.

Mirador de Sant Jeroni.

El mirador de Sant Jeroni, en la página de la izquierda, y vista de la región de los Ecos desde el mirador, arriba.

Mirador de los Apóstoles.

Tienda y librería.

Mercado de productos tradicionales.

Servicios a los visitantes

En la actualidad, Montserrat recibe más de dos millones anuales de visitantes, gracias a unas instalaciones ejemplares. Destaca el edificio del mirador de Els Apòstols, un complejo de servicios completamente renovado. Hay también diversos edificios de celdas, un hotel de tres estrellas e instalaciones de apoyo, que aseguran el alojamiento y la restauración para todos los visitantes.

Otros servicios, como la Oficina de Información, la tienda, la librería o establecimientos de alimentación tradicional, facilitan una estancia agradable y la compra de recuerdos, publicaciones, productos de alimentación artesanales o regalos.

Tren cremallera: acceso a la estación «Monistrol» de los FGC.

Funicular aéreo: acceso a la estación «Aeri de Montserrat» de los FGC.

El funicular de Sant Joan comunica el monasterio con el Pla de les Taràntules.

Aula de la Natura, en la estación superior del funicular de Sant Joan.

Transportes singulares

Para llegar a Montserrat, además de la carretera con parking para autocares y coches, existen dos transportes singulares de larga tradición: el tren cremallera y el funicular aéreo. El primero funciona desde finales del siglo XIX con un trazado y trenes renovados en 2003, y el segundo se inauguró en 1930. Ambos se encuentran junto a estaciones de los Ferrocarriles de la Generalitat, que conectan con Barcelona en unos treinta minutos.

Montserrat es un enclave singular y un lugar de cultura, un espacio de encuentro y de búsqueda personal, un monasterio de monjes benedictinos y un santuario de la Virgen. Montserrat cuenta, como hemos visto, con diversos instrumentos orientados a garantizar el futuro del símbolo más característico y universal de nuestro país. Y todo con un objetivo principal: acercar a Dios a las personas que lo visitan.

Edita
© **Triangle Postals**

Texto
© **Josep Liz**

Fotografías
© **Pere Vivas**
© **Joan Colomer**, pág. 2, 46, 68, 70, 71ab, 75, 83a, 87acd, 95b, 96, 99, 100, 101, 106a, 107a, 108, 110ab, 111ac, 112a, 113ab, 114a, 115abc, 116ab, 117abcd, 118, 120ab, 121abc, 124a, 125d
© **Ricard Pla**, pág. 84, 85, 86, 94, 95a, 97a, 104, 125c
© **Jaume Balanyà**, pág. 97b, 102
© **Laia Moreno**, pág. 82, 83b
© **Biel Puig**, pág. 6, 37b, 91
© **Museu de Montserrat**, pág. 12, 13a, 60, 61ab, 62, 63
© **Biblioteca de Montserrat**, pág. 10, 16, 17ab

Agradecimientos
Abadia de Montserrat

Diseño gráfico
Joan Colomer

Maquetación
Alba Palet

Traducción
Sonia Tapia

Impresión
Gráficas Andalusí
8-2024

Depósito legal
Me-190-2019
ISBN
978-84-8478-786-0

TRIANGLE POSTALS, SL
Sant Lluís
Menorca
Tel. +34 971 15 04 51
www.triangle.cat

Triangle▸Books